청년사업가
김대중

청년사업가 김대중 2

초판 1쇄 인쇄 2020년 8월 10일
초판 1쇄 발행 2020년 8월 15일

지은이   스튜디오질풍
펴낸이   이혜숙
펴낸곳   (주)그린하우스

편집   허지혜
디자인   이승욱
제작   미래피앤피

등록   2019년 1월 1일(110111-6989086)
주소   강남구 강남대로 62길 3, 8층
전화   02-6969-8955
팩스   02-556-8477

ISBN   979-11-90419-26-0 04990
        979-11-90419-24-6 (세트)

인간 김대중을 보여주는 기회가 되기 바란다

2019년, 봄의 시작을 알리는 매화꽃이 흐드러지게 피어 있는 횡단보도 앞에서 김대중 대통령이 주인공인 웹툰을 제작해보는 게 어떻겠냐는 제안을 받았다. 나는 김대중 대통령의 인물 저작권이나 초상권 사용을 허락받기만 한다면 한번 해보겠다고 답변했다.

그리고 한참이 지나 기적처럼 김대중 대통령 기념 사업회에서 저작자 및 저작물 사용 허가서가 도착했다. 숨이 멎을 정도로 심장이 요동치기 시작했다. 대한민국의 대통령이자 노벨평화상 수상자인 김대중 대통령의 이야기를 웹툰으로 만들 수 있다는 것이 꿈만 같았다. 그러나 최선을 다해 만들겠다는 호기로운 내 의지는 이내 감당하기 힘든 두려움으로 변했다. 나를 아끼고 사랑하는 주변의 많은 사람이 걱정과 염려를 보내기 시작했다. 진보와 보수의 갈등과 반목이 첨예한 상황에서 자칫 정치적 이슈에 휘말리지 않을까 하는 걱정이 들기도 했다. 정치인으로서 김대중 대통령이 남긴 위대한 업적과 삶을 따라가는 웹툰을 만들면 사람들에게 김대중 대통령의 찬양가를 만들었다는 비난을 받을까 두려웠다.

수많은 고민과 논의 끝에 정치계에 입문하기 전, 김대중 대통령이 가장 순수했고 패기 넘쳤던 청년 시절 사업가 이야기를 다루기로 했다. 하지만 다시 현실적인 문제점들에 봉착했다. 스토리와 배경을 뒷받침할 고증이 난관으로 다가온 것이다. 무더운 여름, 자료 조사를 위해 수십 차례 목포를 방문했다. 그러나 김대중 대통령의 유년 시절부터 청년

시절에 관한 자료가 거의 남아 있지 않아서 스토리를 만들어내기가 어려웠다. 김대중 대통령이 청년이었던 일제강점기 목포의 배경 자료도 턱없이 부족했다. 자료 조사보다 더 힘들었던 것은 역사적 사실을 훼손하지 않고 만화가 가진 재미를 독자들에게 전달해야 한다는 것이었다.

이처럼 이 책이 만들어지기까지 모든 제작 단계마다 어려움이 따랐지만, 수많은 기관 관계자들, 외부 작가들, 그리고 스튜디오질풍의 제작진이 한마음 한뜻이 되어 열과 성을 다해 〈청년사업가 김대중〉 웹툰 제작을 도와주었다. 이렇게 1년 동안 최선을 다해 제작한 〈청년사업가 김대중〉이 정치인 김대중이 아닌 대중에게 알려지지 않은 한 인간 김대중을 보여주는 기회가 되기 바란다.

웹툰이 나올 수 있도록 물심양면으로 도움을 주신 광주정보문화산업진흥원 탁용석 원장님, 양균화 본부장님, 류진석 팀장님, 박현정 차석님, 국제평화영화제 염정호 위원장님, 박수영 작가님에게 심심한 감사의 말씀을 전한다.

주식회사 스튜디오질풍 대표이사 이호

청년사업가 김대중

2
이름을 건 약속

글·그림 스튜디오질풍

와글

와글

웅성

웅성

왁자지껄

그때가 아마…

캘리포니아 유학
시절이었을걸세.

그때 알게 됐지.

미국이란 나라가
얼마나 대단한지를….

….

나한텐 여긴 정말 작은 깡촌이거든.

어릴 적 전 목포가 엄청 큰 도시라고 생각했습니다.

목, 목포가 작은 깡촌?

대 일본 제국군이
오키나와 해전에서
승리하였습니다!

이로써
대동아공영권大東亞共榮圈이
실현될 날이….

칙

치직

남태평양 해군
사령부에서는…

머지 않아
천황폐하의…

흐음….

태평양 전쟁의 전선이
오키나와까지 밀려왔다는 것은
곧 일본 본토가 전선이 될 것임을
의미합니다.

일본이 전쟁에서 이기고
있다면 전선이 이미 호주로
밀려났겠죠.

물론 어디까지나
제 생각입니다만….

꿀꺽

푸
하
하
하

역시!
역시!

자네 말이 맞네!
라디오에서는 일본이
승리하고 있다고
선전하고 있지만….

척

끄으!

죄,
죄송합니다.

자네가 죄송할 게
뭐 있나.

맞는 말을
했을 뿐이야.

시원한
얼음 단물!

얼음 단물이
한 바가지에….

철썩

철썩

유달 해수욕장

아이스케키~!
얼음 단물~!

그러게. 연습
많이 했네~.

어머, 어머.
수영 잘한다~!

철썩

철썩

오빠들~
어서 오세요.

준비 다 됐어요.

응!

워메~
이 비싼 빵들을!

아따 요놈들은
색깔도 참 곱다.

월급도 변변치
않을 것인디….

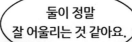

1 년 전…

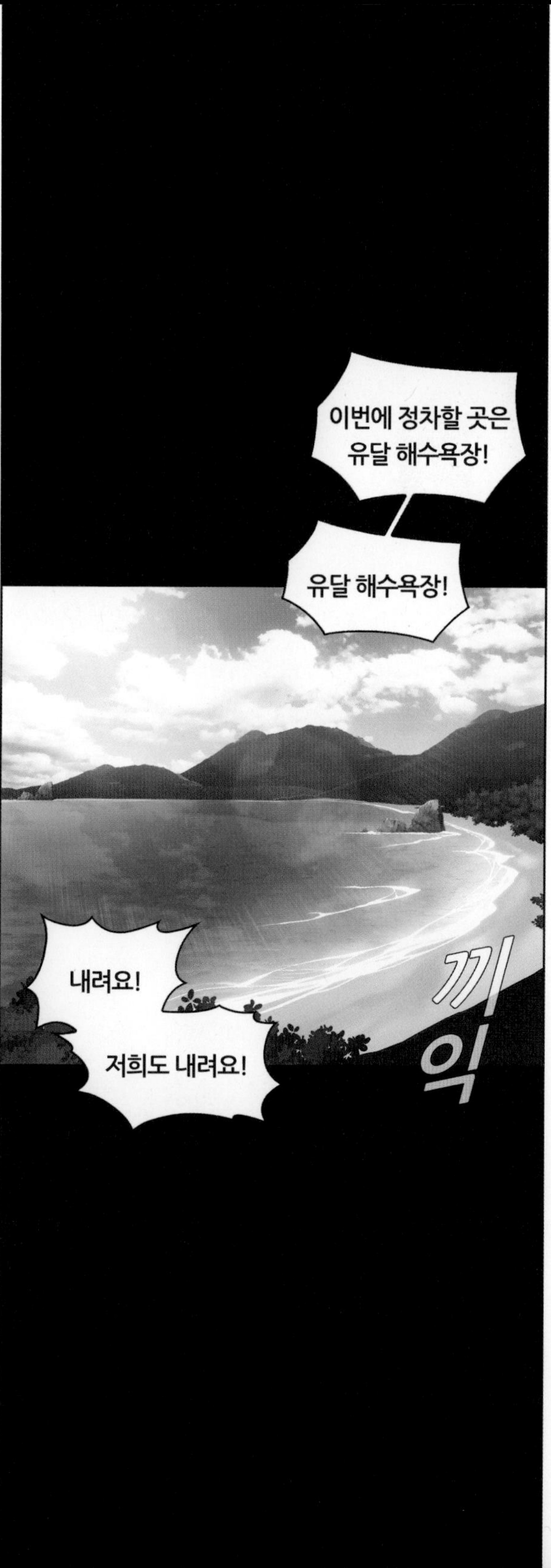
이번에 정차할 곳은 유달 해수욕장!
유달 해수욕장!
내려요!
저희도 내려요!
끼익

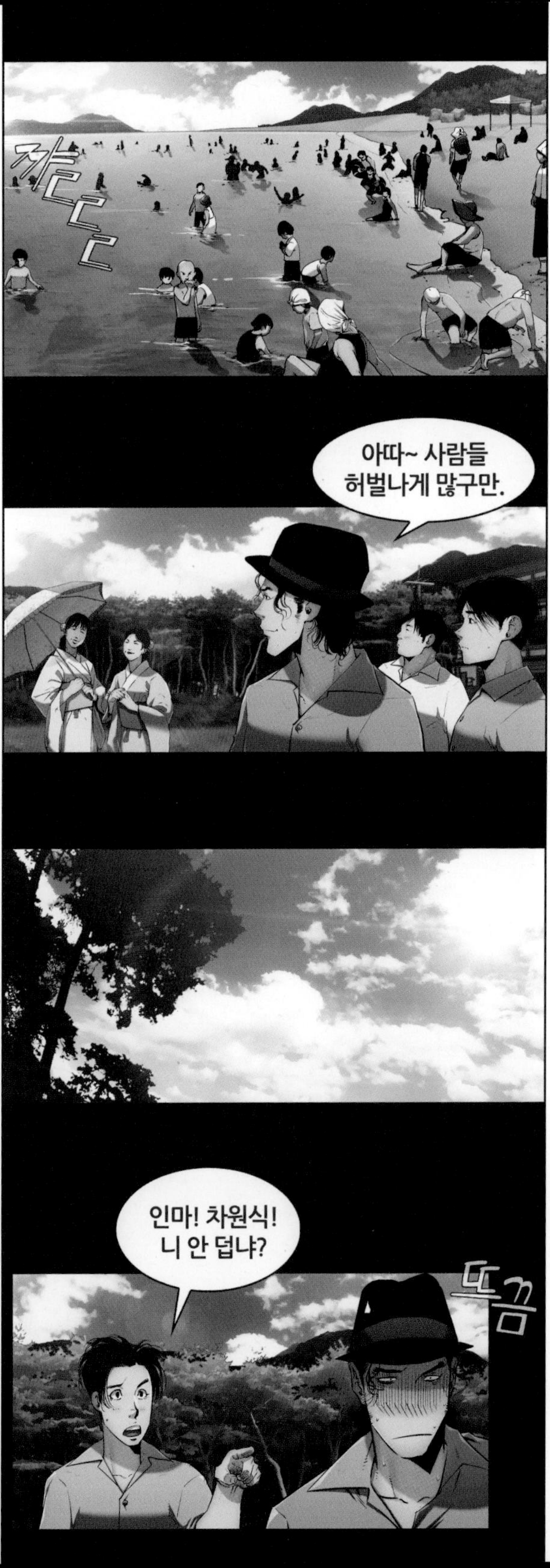
아따~ 사람들
허벌나게 많구만.
인마! 차원식!
니 안 덥냐?
뜨끔

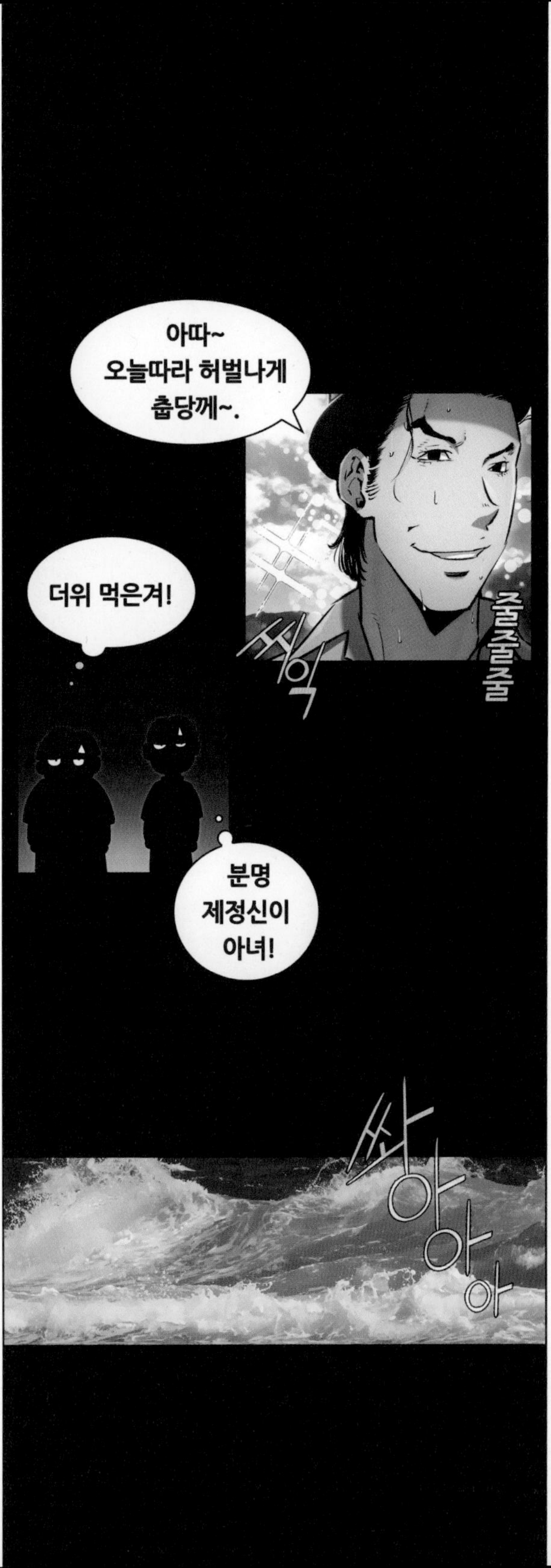
아따~
오늘따라 허벌나게
춥당께~.
씨익
줄줄줄
더위 먹은겨!
분명
제정신이
아녀!
쏴아아아

아따, 뭔 소리여
시방!
나는 너 같은
날라리 여동생은
필요없당께~.
철썩
철썩
뭐? 날,
날라리?
너 시방
내 동생 무시하냐?
본 적도 없으면서?
난 좋은디~,
나 어뗘?

날도 더운디 아이스케키나 하나씩 허자!

여기들 있어. 내가 사올게~.

내 얼굴이 어떻다고···. 아 그르냐, 대중아?

투덜

투덜

원식이는 빈말은 안 한당께.

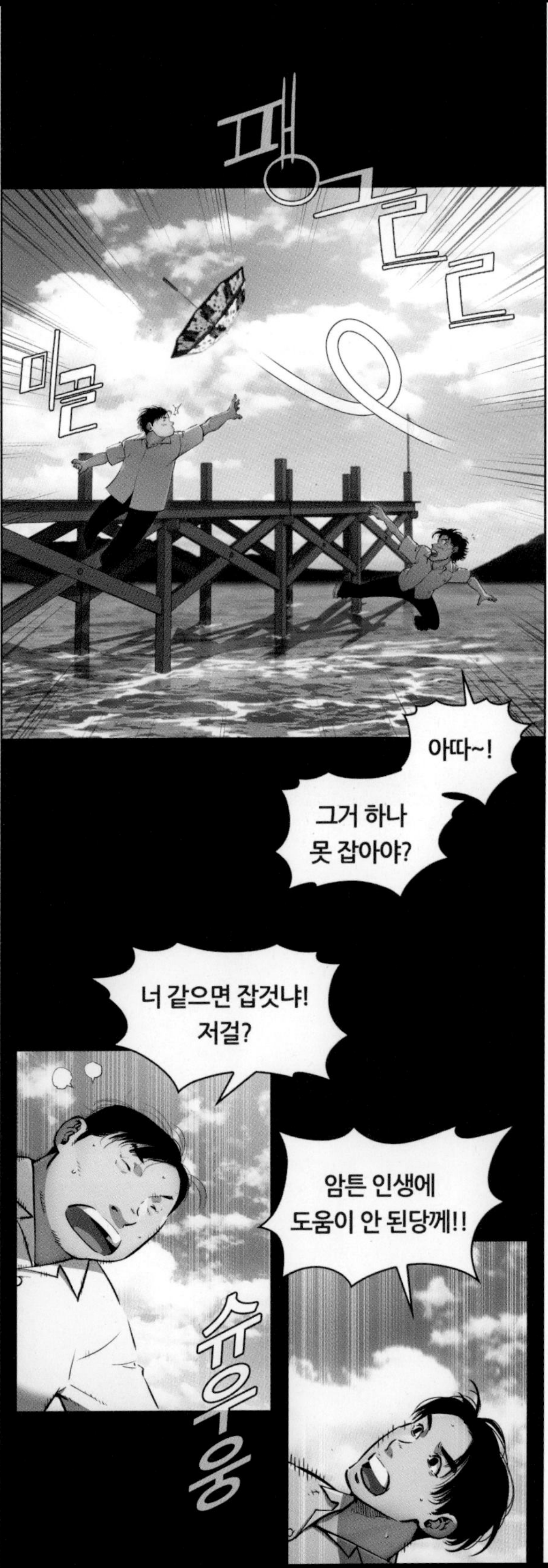
팽그르르
미끌
아따~!
그거 하나 못 잡아야?
너 같으면 잡것냐! 저걸?
암튼 인생에 도움이 안 된당께!!
슈우웅

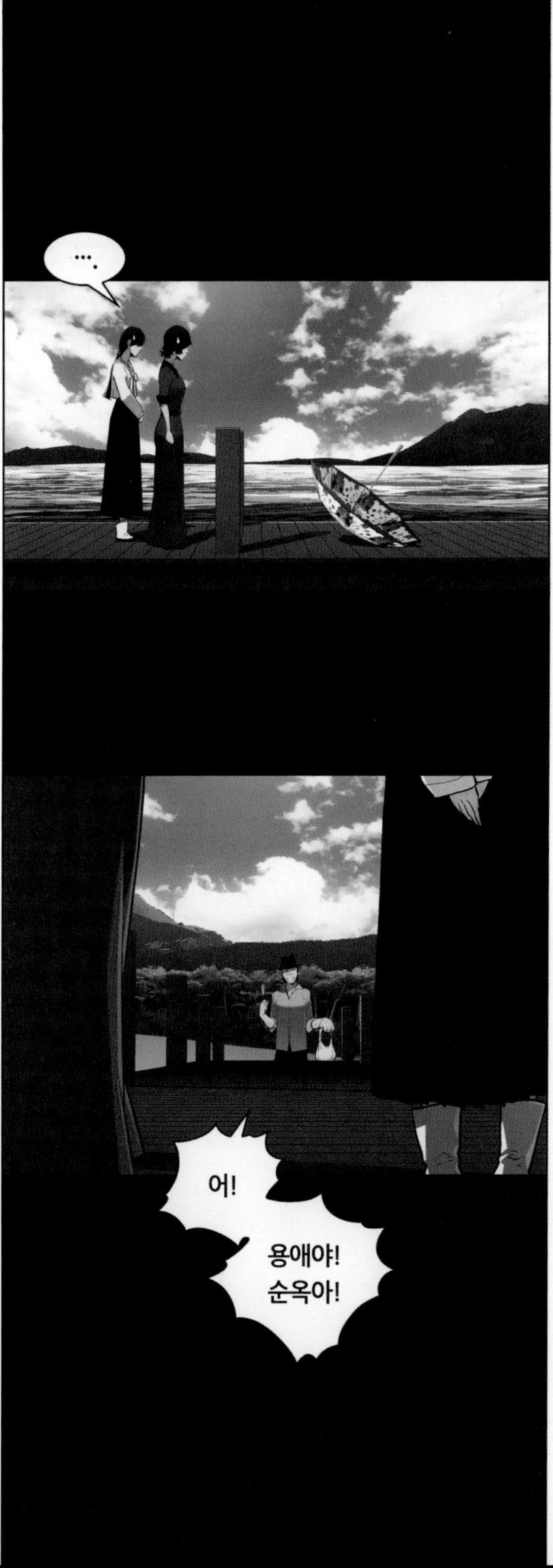
….
어!
용애야!
순옥아!

그때 대중 씨
정말 멋있었어요.

고작 양산 하나 때문에
바다에 뛰어들 줄은
몰랐거든요.

누구라도
뛰어들었을 거야.

부우우웅

대중 씨, 회사 생활은 어때요?

아직 뭐가 뭔지 모르겠어.

상업학교에서 배운 거랑 많이 다르더라고.

많이 힘들죠?

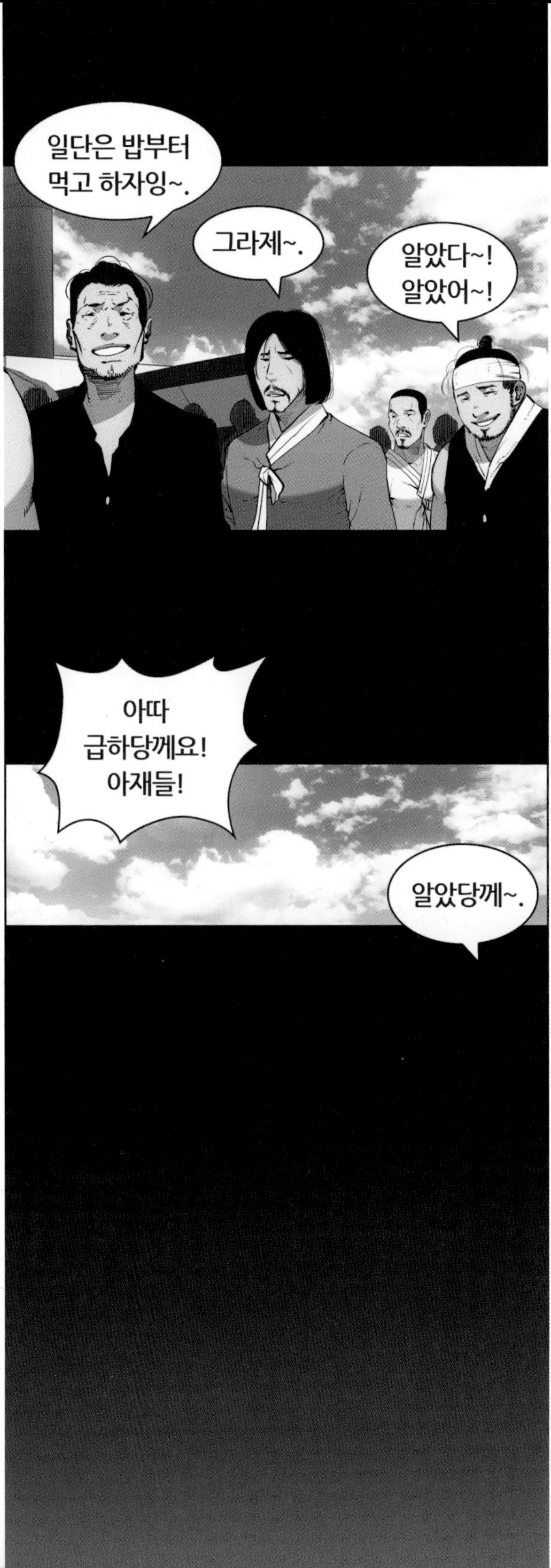
일단은 밥부터 먹고 하자잉~.
그라제~.
알았다~! 알았어~!
아따 급하당께요! 아재들!
알았당께~.

열심히 배워서
나중엔 말여,

엄청 으리으리한 배들을 가진
회사를 차릴거랑께.

여기 계신 멋쟁이 신사
김대중 오라버니께서

제 친구
차용애 양에게 잘 보이고자
특별히 주문 제작한
작품입니다.

척

척

목포 최고의 과자점인
저희 상점에서 정성을
다해 만든 만큼

그 맛을
보장하는
바입니다~!

스윽

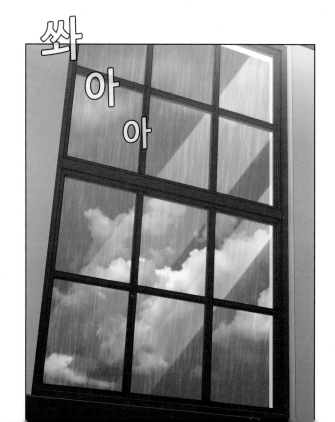

어젯밤에 바람이 너무 심해서 묶어놓은 끈들이 풀린 것 같습니다.

남은 물품이 절반도 안 될듯합니다. 부장님, 어떡하죠!

어떡하긴….

평성상회가 곱게 넘어가겠는가?

우리 회사는 끝났어.

방법은 무슨….

자네도 얼른 다른
일자리나 알아봐.

하아,
어쩔 수 없죠.

그렇지만….

뭔가
방법이 있을 거야!

청년사업가 김대중 — 2

같은 품질,
같은 수량의
물품을
준비하든가
그도 아니면
거래액의 두 배를
배상하게!
!!
3일이야
3일!!
꿀
꺽
3일 안에 해결하지
못하면 제아무리 대학 후배인
자네라도 그냥 넘어갈 수 없어!
알겠나, 후지모토?

급한 볼일이 있어 먼저 퇴근하겠네!

철컥

사장님!

아 참! △△은행에서는 연락 왔었나?

아, 아직입니다.

그것이…

평성상회의
뜻인가?

지금으로썬
최선입니다.

그래,
알겠네.

어제 고뿔이
심하다고 오늘 출근
못 한다던데요~

이 자식!
고뿔은 무슨~.

다른 회사
면접 보고 있는 거 아냐?
아무튼 눈치는 빨라.

혹시 이틀 전에
몇 시쯤 문을
닫으셨당가요?

엊그저께?

아, 비가
허벌나게 온 날?

갑자기 비가 오니께
배을 단단히 묶느라 사람들이
일하고 있었것지~.

뭔가 이상해….

저렇게 많은 면화 가마니가 평성상회에 있을 리 없잖아!

뭐지?

뭐냐고?

스으-

평성상회 면화 공장

확실히
뭔가 있어….

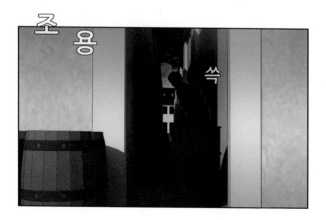

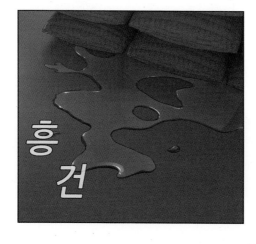

쓸모도 없는
볏짚을 왜 가마니에
가득 담아놨대?

이런 걸 어따
쓴다고… 응?

저…
검품 도장은?

가, 가만.
이건 우리 회사
검품 도장인디?

우리가
의뢰 받은 것은
분명 면화인디….

쿵

헌디 우리 검품 도장이

왜 저 볏짚
가마니에…?

이런!

쓱

그 서류에
도장만 찍으면
다 끝나네.

두

둥

···

자네 회사 직원들은 걱정 말게나.

내가 잘 챙겨줌세!

씨익

...

자! 오늘부터
창고에 있는
모든 가마니에서

볏짚을 빼고
가마니는 햇볕에
잘 말린다!

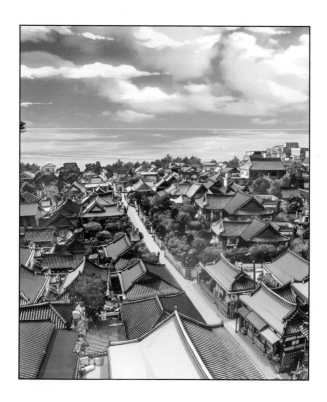

장난하나?
면화 공출 장부와
이렇게나 차이가
나잖아?

공출 통지서에
의하면….

저는 사장님의
지시대로만….

자세한 것은
사장님께….

3

뭐야?

처음부터 저희들이
뒤로 빼돌리고 우리한테
뒤집어씌우려던 거였어?

거기다가
배상 타령 하면서

우리 전남기선을
통으로 낼름
하시려 했다?
허 참….

고맙네, 고마워!

자네가 아니었으면 우리 회사는 사라질 뻔했네.

그, 그게 조금 이상하게 들리시겠지만

눈빛이 이상했습니다.

눈빛? 그게 무슨 소리인가?

처음 평성상회 사장이 찾아왔을 때

덜
컥

사장님, 차
가져왔습니다.

루미코 주임.

여기
김 대리 일주일간
승진 휴가
처리해주게~.

아 속상해!

이봐요 대중 씨!

네! 주임님.

과자점 가서 붕어빵 좀 사다 줘요~.

네, 알겠습니다.

똑바로 하지
못하겠나?

죄,
죄송합니다.

벌떡

대리님, 제가
다녀올게요.

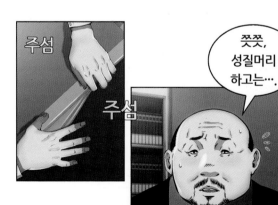

이봐,
루미코!

자네가
김 대리 좀
도와주게나.

저
바쁘거든요.

대리님이 알아서
하시겠죠.
주임인 제가 뭘
알겠어요.

허허.
거~참….

제가 알아서
처리하겠습니다.

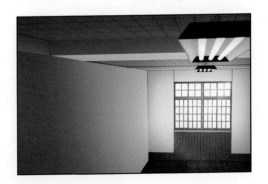

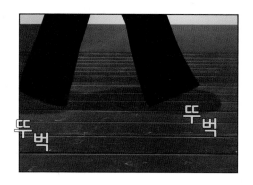

자네야?

부장님!

건방진 조선인 하나
때문에 제가 자존심까지
버리겠습니까?

그, 그렇지.

자네가 그럴 리 없지.

원숭이도 나무에서
떨어질 때가 있습니다.

요즘 사장이 오냐 오냐
잘한다고 칭찬만 하니깐
저 건방진 조선인 놈이
방심한 거죠.

차라리 잘 됐어.

그 녀석 스스로
나가게 해야겠어.

무슨 좋은
생각이라도?

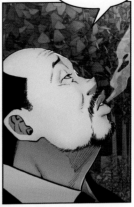

자네가 좀 전에 말했잖나.

자, 존, 심!

자존심요?

씨익

위기가
기회라고 했어.

내가 이번에 본국으로
돌아가서 잘 해결하면
우리 회사는

크게 성장할 발판을
얻게 될 거야.

그건 염려 마십시오, 사장님!

그런데 저번에 부탁드렸던 진공관 라디오 하나 사다 주시면 안 될까요?

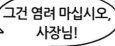

어허! 이 시국에 무슨 그런 쓸데없는 소릴….

아, 아닐세. 매번 일정이 바빠서 깜빡했잖은가.

알겠네. 이번 출장길에서 돌아올 때는 꼭 챙겨다줌세.

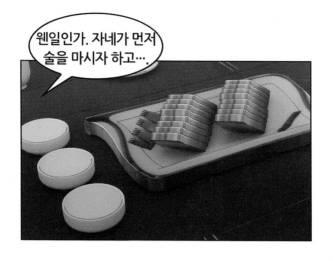

회사 생활
많이 힘들지?

원래 회사라는 곳이
일보단 사람 때문에
힘든 법이거든.

그래서 회사를
감옥이라고도
부른다네.

....

쯔우욱

크윽~.

정 힘들면 우리 은행으로 오게나.

내가 그 정도 힘은 있거든.

말씀은 고맙습니다만

전 제가 다니는 이 회사에서 꼭 이루고 싶은 꿈이 있습니다.

그래, 알겠네.
이래야 내가 아는
김대중이지!

그렇지만 정 힘들면
언제라도 내게 꼭
이야기하게나!

후후

부장님!

이런다고
저 녀석이
그만둘까요?

억지라는 게
너무 뻔히 보이지
않습니까?

크크크.

걱정 마.

철썩

철썩

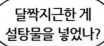

병신 같은 놈들이
지랄한다.

2원이 돈이냐?
그냥 네 돈으로
채우면 안 돼?

쭈우욱

지금 그게
문제가 아니잖아.

커어억~.

근데 정말 왜
그러는지 도통
모르겠다.

뻔하지
뭐.

보면 모르냐?
트집 잡는 거잖아!
더러워서 그만두게
하려고.

설마….

너야 믿고 싶지
않겠지만 내 눈엔
그렇게 보인다.

나라면 진작
그만뒀다.

일어나보라고!

철썩

철썩

어이, 김대중.

철컥

뚜벅

뚜벅

아직도 회삿돈을 훔치지 않았다는 건가, 응?

과장님…

그만둘 건가?
응?

그, 그건
아닙니다….

다만 제가
그러지 않았다는 걸
꼭 보여드리겠습니다!

이 새끼가….

꾸득

흐음….

아무리 괴롭혀도
버틸 것 같은데요.

대체 하루 만에
어떻게 저렇게 확
달라질 수 있죠?

흐음, 그렇다면
좀 더 강하게
나가볼까?

네?
강하게요?
어떻게?

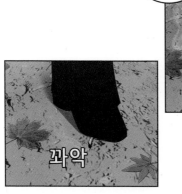

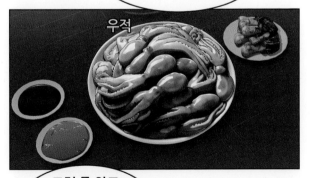

…

놀랐냐?

사실 나도 놀랐다잉~.

설마 하고 알아봤더니, 덜컥 취직시켜주드라고.

씨익

아냐~, 참말로 잘 돼부렀다.

하하하

축하한다잉.

가네보 공장,
열악하지….

조선인들 착취하려고 만든
회사라는 거 나도 안다.

근데
어쩌것냐.

전쟁 중이라 돈도 없고
먹을 것은 부족하고….

뭐라도 해서 일단
살아야 하지 않것냐.

척

부우웅

빠앙

왁자지껄

시끌

시끌

두둥

뚜벅

뚜벅

뚜벅

응?

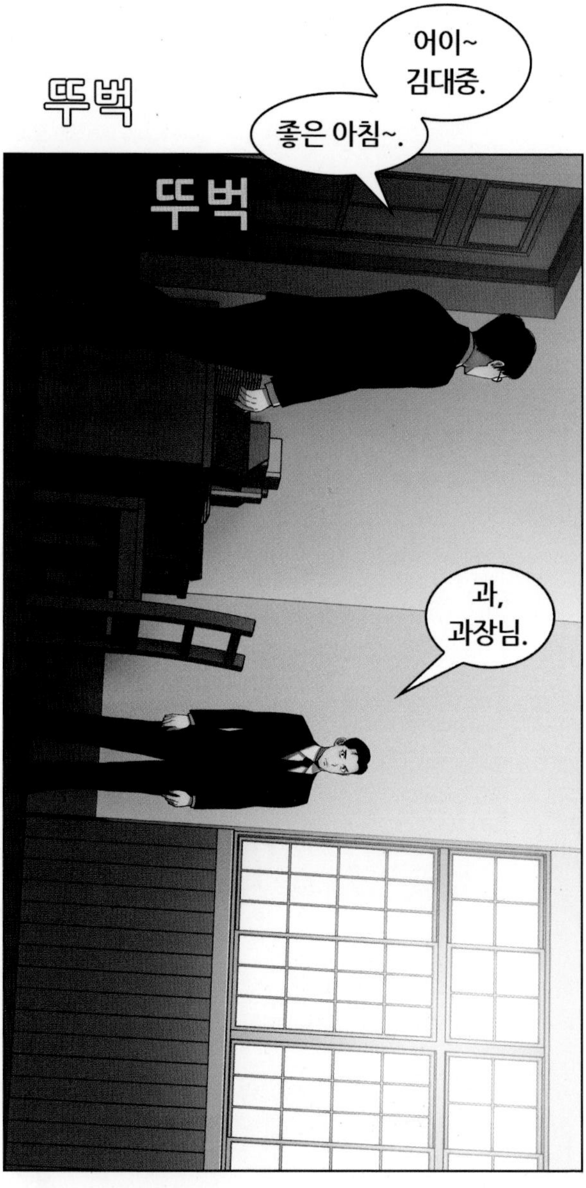
뚜벅
어이~ 김대중.
좋은 아침~.
뚜벅
과, 과장님.

신경 끄고
자네 일이나 해!

칫….

오늘 입고할 물품 장부나
어서 줘!

네….

3
권
계
속